Primer diccionario ilustrado
Animales

Cerdo

Conejo

Mariposa

Zorro

Ilustrado por Anna Ivanir

www.kidkiddos.com
Copyright ©2025 by KidKiddos Books Ltd.
support@kidkiddos.com

All rights reserved. No part of this book may be reproduced in any form or by any electronic or mechanical means, including information storage and retrieval systems, without written permission from the publisher, except in the case of a reviewer, who may quote brief passages embodied in critical articles or in a review.
First edition, 2025

Library and Archives Canada Cataloguing in Publication
First Picture Dictionary – Animals (Spanish edition)
ISBN: 978-1-83416-258-4 paperback
ISBN: 978-1-83416-259-1 hardcover
ISBN: 978-1-83416-257-7 eBook

Animales salvajes

Hipopótamo

Panda

Zorro

Ciervo

Rinoceronte

Alce

Lobo

✦ ¡Un alce es un grankj nadador y puede bucear para comer plantas!

Ardilla

Koala

✦ ¡Una ardilla esconde nueces para el invierno, pero a veces olvida dónde las puso!

Gorila

Mascotas

Canario

♦ ¡Una rana puede respirar por la piel y por los pulmones!

Cuy

Rana

Hámster

Pez dorado

Perro

✦ ¡Algunos loros pueden copiar palabras e incluso reírse como los humanos!

Loro

Gato

Animales de la granja

Vaca

Gallina

Pato

Oveja

Caballo

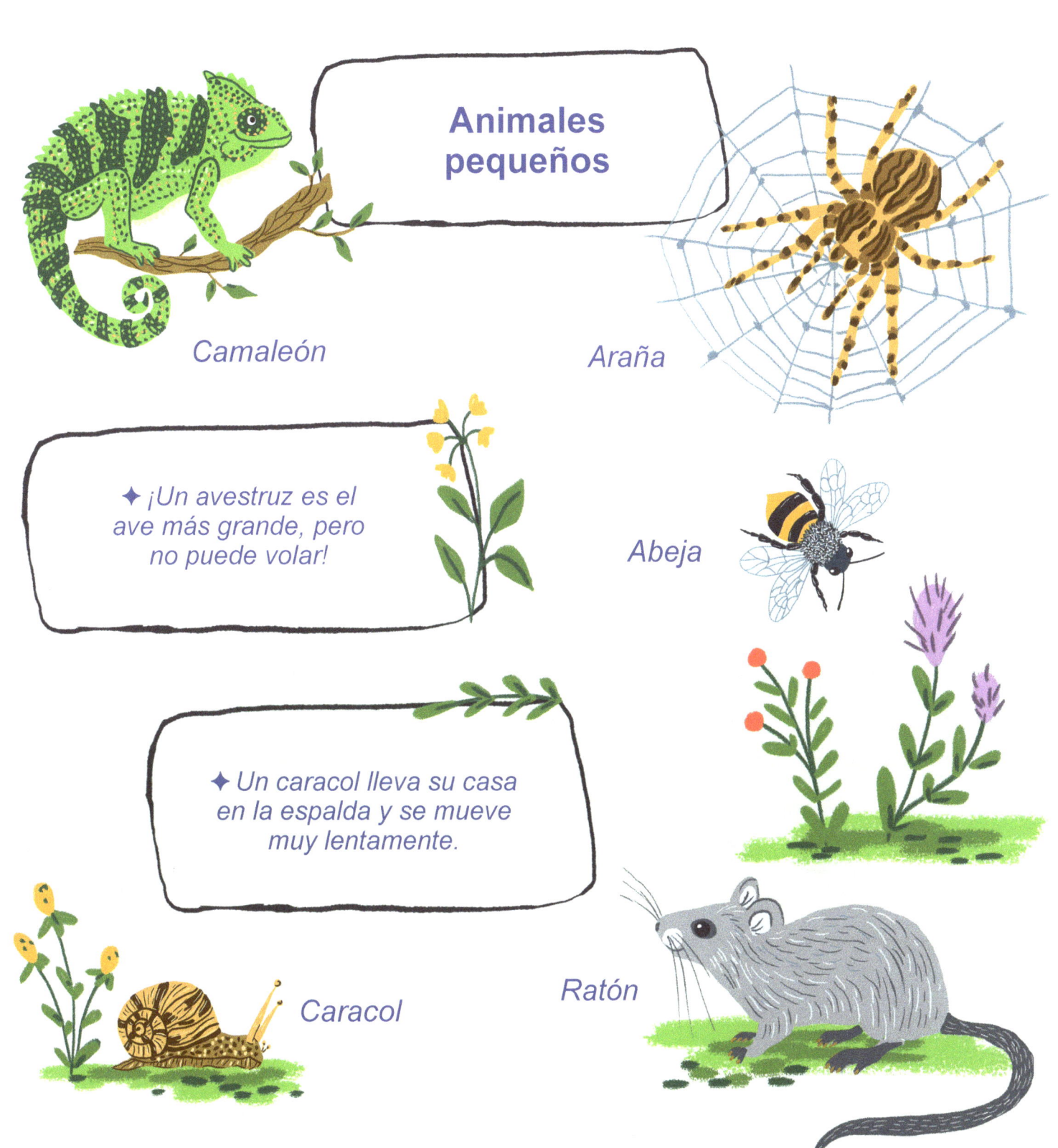

Búho

Murciélago

◆ Una luciérnaga brilla en la noche para encontrar otras luciérnagas.

◆ Un búho caza de noche y usa el oído para encontrar su comida!

Mapache

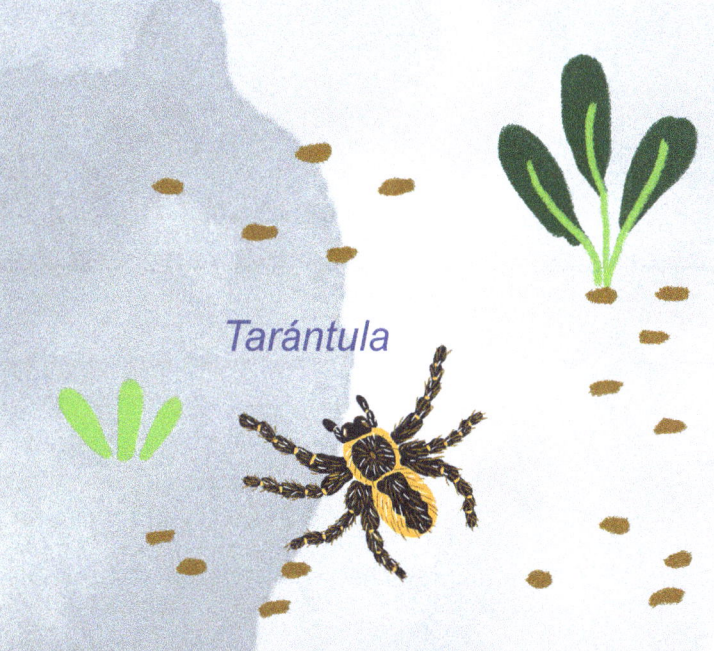

Tarántula

Animales coloridos

El flamenco es rosa

El búho es marrón

El cisne es blanco

El pulpo es morado

La rana es verde

♦ Una rana es verde, entonces puede esconderse entre las hojas.

Animales y sus crías

Vaca y Ternero

Gato y Gatito

✦ *Un pollito habla con su mamá antes de nacer.*

Gallina y Pollito

Perro y Cachorro

Mariposa y Oruga

Oveja y Cordero

Caballo y Potro

Cerdo y Cerdito

Cabra y Cabrito

www.ingramcontent.com/pod-product-compliance
Lightning Source LLC
LaVergne TN
LVHW072103060526
838200LV00061B/4796